C000004950

Sinfonie D'amore

Ferdinando Russo

Nabu Public Domain Reprints:

You are holding a reproduction of an original work published before 1923 that is in the public domain in the United States of America, and possibly other countries. You may freely copy and distribute this work as no entity (individual or corporate) has a copyright on the body of the work. This book may contain prior copyright references, and library stamps (as most of these works were scanned from library copies). These have been scanned and retained as part of the historical artifact.

This book may have occasional imperfections such as missing or blurred pages, poor pictures, errant marks, etc. that were either part of the original artifact, or were introduced by the scanning process. We believe this work is culturally important, and despite the imperfections, have elected to bring it back into print as part of our continuing commitment to the preservation of printed works worldwide. We appreciate your understanding of the imperfections in the preservation process, and hope you enjoy this valuable book.

FERDINANDO RUSSO

Sinfonie
d'amore

NAPOLI

VITO MORANO, EDITORE

40, Via Roma, 40

1905.

Sinfonie d'amore

DELLO STESSO AUTORE

—

Montecassino — Poemetto in terza rima. Un elegante vol. di pag. 70 formato 8º grande. L. 1,00

Sinfonie d'amore — Un vol. di pag. 120 formato 16º con copertina di Fortunino Matania. L. 1,50

IN PREPARAZIONE:

Ombre e Figure — (Impressioni e ricordi della " *Mala vita* „). Un elegante volume di pag. 250 in formato 8º grande, con 50 disegni di Fortunino Matania.

Sinfonie d'amore

NAPOLI

VITO MORANO, EDITORE

40. Via Roma, 40

1905.

Proprietà letteraria

Tutti i diritti riservati giusta le vigenti leggi.

———————

Gli esemplari senza la firma autografa dell'autore sono ritenuti

I.

Vᴇ vengo appriesso comme fa nu cane
ca corre sempe appriesso a lu patrone,
è ve guardo cu l'uocchie 'e passione,
e sonno, e sonno, li ghiurnate sane!

Ogge ve veco? E già penzo a dimane:
" Dimane 'a vaco appriesso...! Faccio buone?
" M' 'o menarrà, n'uocchio 'e cumpassione? „
E 'o core sbatte, e nfra sì e no rummane...

Po' vuie passate! Tutta janca e bella,
cumm' 'a chesti ghiurnate 'e primmavera,
me parite nu giglio o na rusella,

e 'o core mio ve chiamma: e l'uocchio dice:
" Zuccariello d'ammore! Oi palummella!
" Quanto, l'ammore tuio, pò fa felice !.. „

II.

E vuie tenite l' uocchie accussì doce,
e nu surriso tanto aggrazziato,
ch' io, si ve guardo, nce resto ncantato,
e si vaco a parlà me manca 'a voce!

So' nnammurato, sì! So' nnammurato!
Comm' 'a nu tizzo chistu core coce,
e sbatte e sbatte, e corre cchiù veloce
de nu cavallo ch' è scapuliato!

Vuie che dicite? E nun tenite a menta
ca site 'o suonno mio, suonno d'ammore,
ca tutte li nuttate s'appresenta?

Sì, s'appresenta, e nun me fa durmì;
e stu turmiento amaro 'e tutte ll' ore,
core mio, core mio, ve l'aggia di'!...

III.

Ve l' aggia di'! Me basta na parola,
nu signale, na mossa, na guardata!
E' chest'anema ardente e nnammurata
vicino 'o core vuosto se ne vola!

Dicitemmella, na parola sola!
Mannatemmella, na meza mmasciata!
Nun costa niente, na parola amata,
e stu core scuieto se cunzola!

Ah, quant' è bella, dopp' 'a notta nera,
n' alba rusata cu na lenza 'e sole
e doppo 'o vierno 'a luce 'e primmavera!

Che pienze, core mio? Comme vuo' fa?
dimmelle sulamente doie parole,
ca sulamente tu, me puo' sanà!

Te l'aggio ditto..

Te l'aggio ditto! St'uocchie miei parlavano
    comme parlava 'o core,
e, fisse dint' all' uocchie tuoi, cantavano
    na canzona d'ammore!

Quanno tu, janca comm'è ghianca 'a luna,
m'accumparive e me tenive mente,
da miezo 'o core mio saglieva tiennero
    nu suono 'e sentimente.

'E se spanneva, e viaggiava all'aria
comm' all' auciello, ca nun po' sapé
si va, si vene e quanto resta libbero...
    Ma riturnava a te!

Tutto pe te! Tutto pe te! Nù spasemo,
    nu strillo 'e passione,
na spina, nu turmiento, e ciento palpete
    cchiù duce 'e na canzone!

E tu sapive ca pe tte patevano
l' anema, 'o core, 'a vita mia scujeta,
comme patisce int' a nu sutterranio
nu fravecato vivo sott' 'a preta !

Ah! Si st'anema mia putesse dicere,
anze, si te sapesse fa capì
tutt' 'e ttempeste ca pe tte l' affocano
e ciento vote 'o vonno fa murì,

te diciarrìa ca chi stampai ca l' anema
    resta eterna e nun more,
nun ha pruvato tuttuquante 'e spaseme
    ca po' suffrì n' ammore!

Nun ha pruvato chello ca guardànnote
stu core sape e nun s' 'o ppo' scurdà,
e quant' ati suspire, e quanta làcreme,
e che turmiente ancora ha da pruvà !

Oi vocca doce, oi vocca nzuccarata,
  cchiù nzuccarata assai de l'uva spina;
  oi vocca sapurita, oi vocca fina
  che 'a sinfunia d''e vase m' ha mparata;

vocca cianciosa mia, ca m' ha cantata,
  senza voce, na museca strafina;
  vocca zucosa cchiù de na curvina
  ca tutt''a vita mia m' ha cunzulata;

vocca ca sape tutt''a passione,
  vocca ca sola me po' fa felice,
  armuniosa comm''a na canzone;

st'anema mia ca nun s''a scorda mai
  s''a sonna sempe; e dint' 'o suonno dice:
  — Io tengo sete 'e te! Vaseme assai....

ımpana luntana...

Nᴀ campana luntana
   manna 'e suone p' 'o cielo...
   Sona n'ata campana
   cchiù vicina e cchiù chiana.
   Vola nu passariello
   ncopp' 'a fenesta mia...
   st'anema 'nfantasia
   se mette a suspirà...

E penza: 'o sole è d'oro,
   l'aria è serena e doce...
   Quanta campane, a coro!
   Che museca, sta voce!
   So' sguigliate 'e vviole
   da l'erba d' 'e ciardine...
   Sulo na sepa 'e spine
   dinto a stu pietto sta!

Pasca! È turnato Aprile!
 Tutto se sceta, attuorno!
 Sento n'addore 'e rosa...
 l'aruta è cchiù addurosa...
 L'uocchie d''a gente luceno,
 'o cielo è nu tesoro...
 Quanta campane, a coro!
 Quanta felicità!

Tutto se cagna, e piglia
 na faccia cchiù cuntenta...
 Dinto 'e ciardine 'a menta
 se fa cchiù verde, e sguiglia..
 Veco, da na fenesta
 rimpetto a me, luntana,
 nu saluto 'e na mana...
 Va trova addò jarrà...!

A me, no, certo! Io stongo
 comm'a chillo ch'è nato
 cecato... Ma cecato
 senza putè sperà
 ca nu juorno, nu raggio
 lle riturnasse 'a vista...
 E chesta vita nzista
 s'affanna a sbarià!

Pasca! Nu mare 'e sciure
  venute 'a paraviso
  ncopp'a lu munno è sciso
  pe cunzulà 'e delure...
  'A gente va p''e strate
  cu 'e ppalme, e dice: " Pace! „
  Che balzamo verace
  chesta parola dà!

Pasca! Nu passariello
  zompa ncopp''o balcone
  e canta na canzone
  cu 'o stesso riturnello:
  " Ci–ci... Che fai? Che pienze?
  " Chill'uocchie addulurate
  " addò stanno 'ncantate?
  " Addò vanno a guardà? „

Io guardo a chella mana,
  mana luntana e ghianca,
  ca da chella fenesta
  saluta, e mai se stanca....
  A chi va, chillo segno?
  A chi, chillo saluto?
  E 'o core appecundruto
  se sfoca a smanià...

Pur' io, pur' io, na vota,
tenevo a na manella
sfusata e tunnulella
pe farme accarezzà...
Ma stu ricordo caro
ca m' è rummaso 'ncore,
è muorto cu l'ammore
tante, tant' anne fa!

Pur' io, na faccia d' angelo
aggio vasato mmocca,
vocca zucosa 'e zuccaro
comm' 'e ccerase a schiocca...
E st' uocchie ca mo chiagneno
p' 'o bene, ahimmè, perduto,
pure l' hanno saputo
l' ammore che po' dà!

Pasca! Serena è ll' aria
e sonano 'e ccampane!
Attuorno, 'e rrose sguigliano...
Se ntrezzano li mmane...
Sulo 'o ricordo caro
ca fa sperì stu core,
se perde cu l'ammore,
tante... tant' anne fa...

E t'aggio vista, o Bella 'e tutt''e Belle,
    cu l'uocchie cchiù lucente e appassiunate
Uocchie d'ammore, ca m'aggio sunnate
    guardanno 'o cielo e cuntemplanno 'e stelle.

Si' tú, si' sempe tu, Core 'e stu core,
    nata pe fa suffrì comme soffr'io!
Luce d''o sole e Sinfunia d'Ammore,
    sciore d''e sciure, e sentimento mio!

Si' tu, si' sempe tu, Raggio de luna,
    Culonna d'oro e Specchio 'e passione;
Fata d''e Ffate, Rota d''a Furtuna,
    Curona 'e perle, Stesa 'e na canzone!

E nnanz'all' uocchie tuoi, criate 'a Dío
pe fa vedè ca 'e stelle nun so' niente,
chist'uocchio stanco e addulurato mio
t'ha dato 'a luce 'e tutt' 'o sentimente!

Io vasarria la strata addò cammine,
e, si vulisse, te farria vedè.
comme stu core, puntiato 'e spine,
desse turmiente e palpete pe te!

E chest'anema mia, si mo putesse,
comm' a na rosa t' 'a vurria purtà,
e cuntento sarria si t' 'a vedesse
fronna pe fronna, mmano a tte, sfrunnà!

Che fai, tu sola ?

Che fai, tu sola? Pienze quacche vota
a chi sonna 'a luntano e se dispera?
Comm' a na stella int' a na notta nera
dint' a st' anema mia dài luce tu...
Ma mo che fai? Me pienze, quacche vota?
O puramente nun me pienze cchiù?

Pienzeme assai, ca songo scuraggiato!
Me passano p' 'a mente tanta cose...
Veco cchiù spine, attuorno a me, ca rose,
e manco 'o sole me cunzola cchiù...
E stu core se sente abbandunato...
Strazzio che puo' capì sultanto tu...

Tu ca si' bella e tiene 'o core bello,
e tiene l'uocchie tanto appassiunate;
tu, ca passave sti manelle amate
dinto 'e capille miei pe me vasà,
chisto core scujeto e puveriello
tu sulamente 'o puo' cunziderà !

Io me metto paura! A me me pare
ca sta felicità ca m'è venuta,
da quanno, Bella, t'aggio canusciuta,
da quanno, Cara, me diciste sì,
s'ha da cagnà cu ciento pene amare,
de ciento morte m'ha da fa murì!

Nuttata nera ca me mette nfronte
penziere nire e làcreme p' 'o chiante!
Nuttata nera e sventurato amante
ca se dispera senza nu pecchè...!
St'anema mia corre da mare a monte,
sbatte comm'a na tenca e chiamma a te!

E nisciuno, nisciuno me risponne!
E pure ajere 'o core mio sperava!
Pure ajere, sta vocca te chiammava
e 'o penziero vulava addò stai tu!
Varca sbattuta mmiezo 'a furia 'e ll'onne,
st'anema mia nun s'accujeta cchiù...

Sto guardanno stu sciore..

Sto guardanno stu sciore 'e passione
ch'è tuttaquanta 'a passiona mia!
E 'o core sbatte, e nun se fa raggione
comm'ha pigliata chesta malatia...!
Sto guardanno stu sciore 'e passione!

Parla stu sciore, e cu l'addore dice:
" Quanto stu core tuio, vo sta malato!
" Quanto, st'ammore, t'ha da fa 'nfelice!
" Quanto scujeto, e quanto addulurato! „
Parla stu sciore, e cu l'addore dice.

Comm'ha penato Cristo ncopp''a croce,
soffre chisto penziero assai sbattuto!
Senza nisciuno ca lle dà na voce,
senza nisciuno ca lle dà n'ajuto,
comm'ha penato Cristo ncopp''a croce!

Cheste so' 'e llance—e m'hanno acciso 'o core,
e tuttuquanto l'hanno nzanguinato!
Nce veco 'a Morte, dinto a chisto sciore
accussì cumbinato e appassiunato!
Cheste so' 'e llance,—e m'hanno acciso 'o core!

E cchesta ccà, chest'è 'a curona 'e spine,
spine pugnente, ca pugnuto m'hanno!
Nun cresceno cchiù rose, int''e ciardine?
Sti rame, attuorno a me, na sepa fanno!
E chesta ccà, chest'è 'a curona 'e spine!

Chiste so''e chiuove, e a te m'hanno nchiuvato
comme a tanno nchiuvàino 'o Salvatore!
Me sento 'o core tutto martellato,
e 'npietto nu Calvario de dulore!
Chiste so' 'e chiuove, e a te m'hanno nchiuvato!

E chiste so' 'e martielle, Anema mia,
martielle ca nun sentono raggione!
Manco si se trattasse 'e na pazzia,
m'hanno nchiantato 'npietto 'a passione!
E chiste so''e martielle, Anema mia!

E chesta è 'n scala pe ddo' so' sagliuto
pe correre addu te, Turmiento amato!
Nce so' arrivato, ma nce aggio patuto
comm'a Giesù, ca tanto ha suppurtato!
E chesta è 'a scala, pe ddo' so' sagliuto!

E chesta è 'a spugnetella 'e fele amaro,
ca m'avvelena 'o suonno mio d'ammore!
Ah suonno turmientuso, ah suonno caro,
ah suonno eterno, suonno ngannatore!
E chesta è 'a spugnetella 'e fele amaro!

Sciore adduruso de l'ammore mio,
sciore cianciuso ca murì me fa,
si nun me siente, tu nun siente a Dio!
Guardeme assai e nun me fa dannà!
Sciore adduruso 'e chisto core mio,
sciore cianciuso ca murì me fa!

Guardeme assai !...

Guardeme assai! Dint'a chist'uocchie d'angelo
cchiù care de nu suonno 'e sentimento,
veco passà, comm'a nu velo, 'e llacreme ;
e dint' 'o core na tristezza sento...

Guardeme assai ! Chesti guardate traseno
comm' a ddoi spate, dint' 'o core mio...
Guardeme sempe, pecchè mo' fernesceno
sti juorne belle, e nce dicimmo: addio !

Tu, che st'ammore mio nun 'o vuo' sentere,
siente nu poco, almeno, a stu delore !
No, cierti ccose non se ponno dicere
si nun sagliene nette 'a dint' 'o core !

E si 'o core nun soffre tutt' 'e spaseme
che n' ammore po' dà, priesto perduto,
senza sincerità nun po' fa credere
nu sentimento ca nun ha sentuto!

Guardeme assai, ca chisto desiderio
(ricuordatello!) me l' hai dato tu,
quann' io, ca nun putevo cchiù resistere,
t'ammenacciai de nun guardarte cchiù!

Aprenno ll'uocchie comm' 'e rrose s'apreno
tu me diciste, (e nun m' 'o scordo mai!)
me diciste accussì: — No, nun po' essere!
Guardeme sempe, a me! " Guardeme assai! „

Embè, te guardarraggio p'anne e secule
sapenno certo quanto aggio 'a patè,
si pure doppo a chesta vita misera
ll'uocchie d' 'o core cercarranno á te!

Chelli ffronne...

CHELLI ffronne 'e carofano schiavone
pareno 'e ggocce 'e sangue 'e chisto core!
Pareno 'o ffuoco 'e tutto chest' ammore
ca m' hai saputo fa venì pe tte!
Comme venette? E tu, comme faciste
pe ttrasì tuttaquanta 'npietto a me?

Saccio sultanto c' 'a primma guardata
me dette 'e smanie, tutta chella sera!
St' anema mia, tanto malata e nera,
se rischiaraie, senza vulè sperà...
Chella guardata fuie nu raggio 'e luna,
che scenne, doce doce, e fa sunnà!

E da tanno, pe tte, me so' mpazzuto,
e t' aggio vista, e t' aggio suspirata!
Senza putè durmì, t' aggio sunnata,
cercannote cu l' uocchie 'a carità...
E vivo o muorto, vicino o luntano,
sempe, st' anema mia, te sunnarrà!

Te veco sempe!

Tε veco sempe! Sott' 'a luna chiara,
dint' 'a nuttata ca nun me dà suonne,
tu me cunzuole chesta vita amara,
e 'o core mio te sente e te risponne.
M'accumparisce mmiezo a cante e suone,
e chiano chiano già t'accuoste a me,
e puorte scritta nfronte 'a passione...
Ma dint' a chisto core io porto a te!

Passano ll' ore. 'O suonno mai nun vene,
l'anema mia te chiamma e nun se stanca !
Na lava 'e fuoco me scorre p' 'e vvene,
desideranno sta manella janca...
E spaparanzo l'uocchio addulurato
quase pe t' attirà, pe t' assurbì,
comme farrìa nu povero assetato
ca pe mancanza 'e l'acqua po' murì!

E quanno finalmente s'arreposa
l'uocchio abbattuto p''a troppa stanchezza,
te vede ancora cchiù maravigliosa,
cchiù risplennente e bella d''a Bellezza!
Ah! Suonno caro 'e chesta vita nera,
palomma janca mia, nun te stancà!
Tu puorte scritto nfronte 'a Primmavera,
ma dint' 'o core mio lu vierno sta!

Tu me vuo' bene...

Tu me vuo' bene! 'O ssento dint' 'all' aria
ca t'accarezza sti capille amate,
e me n' addono quanno veco lucere
l'ammore int'a chill' uocchie appassiunate !

Tu me vuo' bene! Quanno veco schiudere
sta vocca bella, cara e piccerella,
cchiù sapurita e rossa de na fravula,
cchiù carnosa 'e na rosa ncrispatella,

io penzo, e sonno, e sento 'ncore scennere
comm'a na luce mbalzamata 'e luna;
e nchiudo l'uocchie, e già me credo d'essere
purtato ncopp' 'a rota d''a Furtuna...

E te veco! E nu raggio dint' all' anema
me scenne a rischiarà sta vita nera,
e te cunosco; e me figuro a n' angelo,
quanno me stienne sti mmanelle 'e cera!

E me scordo l'affanno, 'o chianto, 'e llàcreme
ch'aggio patuto primma 'e te vedè,
e ll'uocchie tuoi redenno me cunzòlano
e resto addenucchiato nnanz' a te!

Ma 'o suonno passa! 'O core torna a sbattere,
na voce torna a dì': Nun te vo' bene!
Pazzo de frenesìa, me metto a correre
pe te cercà, cu 'o ffuoco dint' 'e vvene,

e te trovo, e te veco! E ciento spaseme,
comm'a ciento pugnale avvelenate,
fanno na tarantella dint'a st'anema
addò chill'uocchie tuoi stanno nchiuvate!

Ah, Suonno d'oro, Suonno ca nun sazia!
Perdona 'e smànie de stu core mio!
Te voglio bene quanto se po' dicere!
Quanto — te giuro! — se vo' bene a Dio!

Rose addurose 'e maggio! Int' 'e ciardine
nce sta n'addore d'erva mbalzamata!
Spòntano mprufumate 'e ggiesummine,
tutt' 'a campagna 'e sciure è puntiata.
'O sole ndora 'o munno attuorno attuorno,
arriva addò le pare d'arrivà,
e cu 'o saluto e cu lu buono juorno
l'aneme triste corre a rischiarà.

Neopp' 'a fenesta mia, na rosa 'e maggio,
cu nu culore 'e carna tennerella,
se fa cchiù rrossa sott' 'a chisto raggio,
e cchiù s'arape, e cchiù addeventa bella!
'O sole 'a vasa mmocca tuttaquanta,
comm' a na vota io te vasavo a tte;
ah, stiennamella, chesta mana santa,
torna a vulerme bene e a penzà a me!

Castiello d'oro, campaniello 'argiento,
uocchie lucente comm'a nu brillante,
faccella culurata 'e sentimento,
m'ite rummaso scunzulato amante!
Bellezze meie tanto desiderate,
comm''a croce venette pe Giesù,
è venuto 'o Destino e v'ha squagliate...
Addò ve cerco? Addò ve trovo cchiù?

Làcreme amare comm''o ffele amaro,
suspire nire 'e nu perduto Ammore,
d''a passiona mia ricordo caro,
ribbazzato pe sempe int''a stu core;
vuie site 'o suonno 'e tutte li nnuttate,
vuie site 'a spina ca penà me fa,
e, pe stu core, tanta curtellate,
ca nun se ponno mai cchiù resanà!

A farte bella Dio nce s'è spassato,
ma mo' cu mme te stai spassanno tu!

T''e miso mmano chisto core mio
comm'a na pazziella 'e criatura!
Bella e crudele, tu nun hai paura
de farle male e d''o putè spezzà!
L''e dato corda, e mo t''o guarde e ride;
isso cchiù strilla, e tu cchiù 'o fai strillà!

Che vuo' da me? Vuo' vencere? 'E vinciuto!
Stu core ha ditto *sì!* S'è cunfessato!
Primma redeva, e tu nun l''e vuluto,
e ha perduta 'a scummessa e s'è cagnato!
Li ppónte acute de chist'uocchie belle
l'hanno passato a pparte a pparte; e mo,
doppo d'averlo miso mmiezo 'e stelle,
t''o miette sotto 'e piede e dice *no!*

Ha cantato, pe tte, cose d'ammore
ca mai nisciuno te l'aveva ditte!
Nzanguinate, cu affanno e cu delore
t'ha scritto cose ca nisciuno ha scritte!
S'è tutto apierto comm'a nu granato
e ha ditto: Fa de me chello che vuo'!
Ma tu l' 'e visto tanto addulurato,
e, Bella e Nfama, l' 'e rispuosto: No!

Suddisfatta e cuntenta, allegramente,
mo' ca stu core ha perzo ogne virtù,
redenno d' 'e delure e d' 'e lamiente,
tu nce pazzie, ma nun te mporta cchiù!
E nun fa niente! Sulo l'è abbastato
de sapè buono 'o spantecà che d'è;
e, comme Giesù Cristo ha perdunato,
isso perdona e benedice a te!

Stu cielo nun me pare cchiù celeste,
e chisto mare nun me parla cchiù!
Dint' a stu core mio tutt' 'e ttempeste
so' scatenate, 'a che nce manche tu!

Core scuieto, afflitto e puveriello,
ca sta murenno e nun po' chiammà ajuto!
Murì na vota sola è assai cchiù bello
ca murì ciento vote ogne minuto!

Io guardo ncielo: 'a stella cchiù lucente
me pare nera comm' a notta nera;
e na lava de lacreme cucente
m' abbrucia l' uocchie comm' a na vrasera!

E penzo, e sonno, e me ricordo, e chiagno,
speruto, Ammore mio, de te vedè,
e me pare 'e sentì, dint' a nu lagno,
ca tutt' 'o munno chiagne appriesso a me!

Me sento ncapo 'a tarla d' 'a pazzia,
ca tu vulenno, nun t' 'a sunnarrai!
E me dà nu turmiento e n' agunia
ca dura sempe e nun fernesce mai!

Me pare ca nun sguigliano cchiù sciure,
ca tutt''e ggente tribbulate vanno;
ca dint''o core mio tutt''e delure
de tutt''o munno appantanate stanno...

Nchiudenno l'uocchie, embè, te veco, è overo,
ma tu, cchiù nun ce stai vicina a me!
Te tengo tuttaquanta int''o penziero,
ma... chi me stregne 'a mano comm'a te?

Chi me dà forza? Chi me dà curaggio?
Chi me dà vita, mo' che manche tu?
A tutte, 'o sole po' menà nu raggio,
ma 'o raggio 'e l'uocchie tuoi nun vene cchiù!

Bella, ca de li belle si' riggina,
uh quanta pene ca t'aggio 'a lassare!
T'aggio 'a lassare dimane mmatina,
ca 'o vasciello me porta 'a fora 'o mare!

Dint' 'a stu core nce tengo na spina,
ca me fa 'o sango perdere a sciummare;
bella, tu m''a puo' dà, na medicina,
famme sta grazzia, si me la può fare!

L'ammore, ch'accummencia pe pazzia,
fernesce sempe cu suspire e guaie!
N'angela 'e cielo chiammata Maria,
truvaie stu core spierto e s''arrubbaie!

Fronna d'aruta ch'ogne male stuta,
vide stu ffuoco si m' 'o puo' stutare!
L'anema mia ch'è ghiuta e ch'è venuta
sperava sempre 'e nce putè parlare!

Ma mo tutt' 'a speranza aggio perduta,
e a lietto cchiù non pozzo arrepusare,
e st'anema, lassata trista e muta,
va jenchenno de lacreme nu mare!

Nnanz''o canciello d''o ciardino nchiuso,
st'anema mia, tremmanno, s'è fermata.
Faceva friddo. N'aucelluzzo nfuso
zumpettiava ncopp''a ferriata.
Luntano, mmiezo all'erba scarpesata,
aggio visto, cu l'uocchio pauruso,
'a casa cu 'a fenesta ribazzata
e so' rummaso tutt'appecundruso...
E m'è parza na casa abbandunata,
mmiez''o ciardino, cu 'o canciello nchiuso...

'O cielo 'è vierno, tutto annuvulato,
chiuveva nterra làcreme 'e delore.
Sott''a stu chianto io me songo abbagnato,
e aggio ntiso d''e llàcreme 'o sapore...
Nu juorno sano sano aggio passato
penzanno sempe e nun cuntanno ll'ore,
e 'o core mio tremmanno t'ha chiammato
e ha cercato nu suonno ngannatore.
E aggio aspettato... E quanto aggio aspettato!
E me scenneva 'a notte dint''o core...

E so' turnato 'a casa e t'aggio scritto,
e 'a cárta 'e chianto amaro s'è ammacchiata !
E t'aggio apierto 'o core, e t'aggio ditto
quanto, st'anema mia, t'ha suspirata !
Io stesso, tristo, appaurato e afflitto,
so' ghiuto 'a posta e 'a carta aggio mpustata,
e 'o juornò appriesso, sulo e zitto zitto
me so' fermato nnanz''a cancellata...
Ma nterra llà (chi me l'avesse ditto !)
aggio truvato 'a lettera... stracciata !

'aggio sunnata...

T'AGGIO sunnata int' a na varca d'oro
mmiezo a chest' acque de Venezia mia,
addò, guardanno attuorno, è nu tesoro,
suonno de l'uocchie e de la fantasia!

Vista e nun vista cchiù, t' aggio sunnata
e aggio strette sti braccia attuorno a te!
E chella vocca bella aggio vasata,
ca sape di' l'ammore che rrobb'è!

Metteva 'o sole, dint' 'o cjelo chiaro
e dint' 'o core mio, na striscia 'e fuoco.
'A varca jeva senza marenàro,
tu me murive nbraccia a poco a poco...

Ma 'o suonno è suonno! Sulitario e muto,
vaco giranno comm'a nu dannato!
Sta varca ca me porta è nu tavuto,
e chisto cielo è tutto annuvulato...

E sti bellezze ca me stanno attuorno
nun songo belle! E vuo' sapè pecchè?
Pecchè penzo ch'annotta a miezojuorno
quanno tu nun ce stai, vicina a me!

Oi stelle ca currite pe lu cielo
e cu nu filo 'e fuoco vuie filate,
pe piacere, diciteme addò jate,
pecchè nzieme cu vuie voglio venì!
Jate luntane? E quanno ve fermate?
Stelle lucente, m''o vvulite di'?

Stelle lucente, jate addò dich'io!
Addò l'ammore mio v'aspetta e penza...
Voglio venì cu vuie! Date licenza
a chisto core stanco d'aspettà!
Na luntananza e na mala spartenza
l'hanno fatto assetato addeventà!

Vuie 'a sapite, oi stelle ca currite!
Tene duj'uocchie ca so' comm'a vvuie!
E nce simmo abbruciate tutt''e dduie
e st'uocchie 'a vonno, p''a putè vedè...
Stelle, vuie nun sapite comme fuie
ca 'o ffuoco lloro m'ha distrutto a me!

Stelle lucente, stelle ca filate,
stelle che gghiate e ve purtate 'o core,
cunziderate vuie, stelle d' ammore,
ca chisto pietto cchiù nun po' suffrì...
Passano, oi stelle, a ccentenare, ll'ore,
e pareno mill'anne!... È nu murì!

Addò vedite doie cumpagne belle,
oi stelle d'oro, oi stelle ca currite,
fermateve a guardarle, e lle dicite
ca, disperato, io perdo ogne virtù!
E nun me cufflate, e nun redite,
pecchè st'anema mia nun ne po' cchiù!

Tu duorme..

.

Tu duorme, io veglio! E quanno sto scetato,
pecchè 'a notte nun pozzo arrepusà,
te sonno, e cu chist'uocchio affaticato
te veco dint''o suonno smanià!

Che stai sunnanno, Sciore 'e passiona?
Pozzo sperà? Pozzo sapè che d'è?
No! So' pazzo! Perdòname! Perdona!
Io nun me credo ca te suonne a me!

Io nun me credo ca tu me vuo' bene,
e, 'a verità, nun ce aggio mai creduto!
Ma penzo a stu Destino, e a chesti ppene,
e a chisto core, appriesso a te perduto!

Duorme cuntenta, Sciore mio d'ammore!
E quanno 'o sole all'alba arriva a te,
te porta tutt''o fuoco 'e chistu core,
ma nun fa niente, si nun pienze a me!

Quanta vote, tremmanno 'e sta pazzia,
aggio tanto penzato 'e te scurdà!
E quanta vote chest'anema mia
ha ditto all'uocchie miei: Nun 'a guardà!

Ma pe fa chesto, Core mio d'ammore,
pe nun te suspirà, pe nun patì,
n'ommo, che t'ha fissato a tutte ll' ore
nun ha da fa nient'ato: ha da murì!

Duorme! Io te metto na curona 'e rosa
ncopp'a sta fronte e a sti capille nire!
Duorme, nun penzà a me! Duorme, arreposa!
Tutt''e spine 'e ttengh'io! Tutt''e suspire!

Voglio sunnà cu l'uocchie apierte ancora
e albanno juorno te voglio vedè
schiudere chella vocca arrobbacora
comm'a nu sciore ncopp'a nu buchè!

E voglio cadè stanco e affaticato
nun saccio addò, pe te putè sunnà,
cchiù bella de nu sciore ch'è sguigliato,
ma cchiù crudele 'e tutt''e nfamità!

tongo screvenno...

Stongo screvenno: e 'o primmo raggio 'e sole
me vene a ndurà 'e ccarte nnanz' a me...
Sia beneditto! Isso me dà 'e pparole:
bello e lucente, rassumiglia a te!

Isso me dice: " Pàrlele d'ammore!
" Pàrlele sempe e mai nun te stancà!
" Dille ca tene 'a vocca ch' è nu sciore
" e l'uocchie suoi songo na rarità!

" Dille ca tu, cu 'o core appassiunato,
" 'a vurrisse purtà vicino 'e stelle,
" pe lle di', nnanza 'e piede addenucchiato:
" Bella, sultanto tu, nfra tutt' 'e belle! „

Ah, sole mio cucente! Ah, sole 'e fuoco,
ca chisto core mio viene a scetà,
pàrlace tu, cu Essa, pe nu poco,
e falle capì tutt' 'a verità!

Falle capì ch' 'a voglio tanto bene,
ca, si vulesse vederme murì,
io lle darrìa, cu 'o sangue 'e chesti vvene,
sta vita mia, dicenno sempe: Sì!

Guarda: aggio scritto! 'O primo raggio 'e sole
m'arrìva nfronte, e vene a rischiarà
tutt' 'e penziere! Addórano 'e vviole!
È primmavera! 'O vierno nun ce sta!

Nun ce sta niente! Nc' è l'ammore mio!
St'Ammore ca te vasa e t'accumpagna,
ca crede a te, comme credesse a Dio,
speranno tutt' 'o vverde d' 'a campagna!

Speranza grossa! Speranza felice!
Ajere, cu chill'uocchie 'e passione,
diciste cose ca nisciuno dice,
chiene de tenerezza e spressione!

Io te guardava e nun me sazziava!
Tutto pareva bello attuorno a me!
'O cielo, 'o sole, 'o mare me parlava,
e me diceva: È bella! E over'è!

È bella! È bella! È bella! È troppo bella!
Spànteche, suoffre, muore, ma che ffa!
È caduta da 'o cielo! È rara! È stella!
Guàrdala mmocca! E resta a suspirà!

Guardeme sempe !...

GUARDEME sempe! Guardeme,
pure quanno de me cchiù nun te mporta!
Chist'uocchie miei, stu core, se cuntentano,
pure si fosse na guardata storta!

Guardeme! 'A dint' all'anema
saglie sta voce, ammore mio crudele!
Nun m''e pozzo scurdà, chist'uocchie d'angelo,
chesti ddoi stelle ch'arrubbaste nciele!

Pazzo e scuieto, (pènsace!)
tu m''e miso n'appicceco int''o core!
L'anema e isso, ciento vote, giurano;
ma po', giuranno, moreno d'ammore!

Giurano e se prummettono
de te scurdà, de nun guardà... Ma che!
Si n'ora nun te vedono,
scorreno sangue, e chiagneno pe tte!

Tu l' 'e vulute, e tuttuquante 'e palpete
de chisto core a tte songo venute!
Mai comm'a mo sti spaseme,
accussì forte, mpietto aggio sentute!

Mai comm'a mo me songo ntiso scennere
mpietto 'e gguardate toi comm'a ddoi spate!
Songo luce d'ammore e songo làcreme,
so' ragge 'e sole e songo curtellate!

Te ricuorde? Sti mmane accarezzavano
chilli capille tuoi, chella faccella...
Mmiezo 'e vase, sti labbre murmuravano,
tremmanno, 'o nomme tuio, dicenno: Bella!

E chistu core, ca sentette 'e palpete
d''o core tuio, ca mpietto a me sbatteva,
steva murenno, e riturnaie a nàscere,
e spantecanno, te benediceva!

Mo te veco 'a luntano! 'O core smania,
l'anema soffre mille vote e mille,
'a vocca tremma, 'e mmane me se torceno,
ca vonno accarezzà chilli capille!...

E tutt''o sangue mio me sento vòllere
da dint''e vvene, e scotta comm''o ffuoco;
e stu core, furnace 'e desiderio,
ardenno se cunzuma, a poco a poco!...

Fallo pe carità; nun me fa struiere;
nun me dà cchiù tutte sti mmorte ogn'ora!
Viene addu me; viene cu me; cuntentame!
Fatte vasà, si me vuò bene ancora!

iudimmo 'o libbro !...

Nchiudimm' 'o libbro! Dinto nce sta scritto,
   punto pe punto, 'a storia 'e chisto core;
   chello ch'aggio sunnato e ch'aggio ditto;
   gioie, speranze, smanie, ogne delore!
   Nce stanno sentimente, affanne e lacreme,
   turchino 'e cielo, voce 'e primmavera,
   e tutte li suspire, e tutt''e spàseme
   suppurtate pe tte, Stella d''a sera!

E l'uocchie tuoi nce stanno, l'uocchie belle
   ca male e bene m'hanno fatto assaie!
   Nce stanno rose, e spine, e luce 'e stelle,
   e 'a vocca toia ca tanto me vasaie!
   Passa, pe miezo a tutte chesti pàggine,
   suspiranno pe tte, l'anema mia,
   e vede sempe a chella faccia d'angelo,
   muntagna d'oro, e specchio 'e simpatia!

Viato a chi nun penza all'avvenire,
  a chi nun tremma 'e chello che sarrà,
  e manna arreto li penziere nire
  e se cuntenta d''a felicità!
  Io, ca guardo luntano e sento 'e palpete
  de stu core perduto appriesso a te,
  addenucchiato, te ne prego : Scordame!
  Fa comme mai m'avisse visto, a me!

Venarrà tiempo, — (che penziero tristo!)
  ca manco sunnarrai ca t'aggio amato
  Ca manco sunnarrai d'averme visto
  tanto scujeto e tanto nammurato!
  Nun penzarrai ca cu sta vocca 'e zuccaro,
  vocca azzeccosa e doce quant''o mmèle,
  pe tramente int'all' uocchie nce guardavemo,
  m'hai dato 'e vase ca se danno 'nciele!

Nun penzarrai ca stretta a mme, dicive:
  " Guardeme sempe e nun te stancà maie! „
  Ricordatello! Tu nun ce credive,
  a chist'ammore che me nnammuraie!
  Venarrà tiempo — (che penziero niro!)
  ca turnarraggio strànio pe tte!
  Ah, comme tremma, dint'a nu suspiro,
  st'anema disperata, 'npietto a me!

Io songo comm'a chi, nun nato ancora,
  già penza 'a morte e già se mette 'o llutto!
Sia maleditto 'o mese 'o juorno e ll'ora
  ca t'aggio vista, e nun me so distrutto!
E maledetta sia, perseguitata,
  sta vita mia ca nun se vo' spezzà;
st'anema mia, appriesso a te, dannata,
  ca resta eternamente a spantecà!

Nchiudimm''o libro! L'uocchie già se nchiudono
  pe nun te guardà cchiù, pe nun vedè
comme dimane tu, penzanno a n'auto,
  m'avrai acciso senza nu pecchè!
Te cerco sulamente n'auta grazzia,
  l'ultima, Ammore mio, ca me puo' fa:
Vasa stu libbro, ncopp'a chesta paggina
  e 'o core mio se sentarrà vasà!

FINE

CPSIA information can be obtained at www.ICGtesting.com
Printed in the USA
BVOW06s1142071114

374145BV00014B/157/P